Ausstrahlung

Die besten Methoden für eine positive Ausstrahlung, Charisma, Ansehen & Beliebtheit

Verbessern & optimieren Sie Ihre Persönlichkeit, Attraktivität & Wirkung

Ratgeber Buch

1. Auflage

Inhaltsverzeichnis

Ausstrahlung – die Magie der Anziehungskraft, die Menschen in den Bann ziehen

Es gibt Momente im Leben, in denen Sie auf einen Menschen treffen, von dem Sie sofort begeistert sind oder vom ersten Moment an überhaupt nicht behagt. Sehr schnell entsteht entweder ein Gefühl der Begeisterung oder Ablehnung. Handelt es sich dabei um Begeisterung, wird eine besondere Ebene angesprochen, worauf Ihre Sinne sofort reagieren. Ausstrahlung bzw. das Charisma eines Menschen zieht Sie sofort in den Bann.

Es wird eine Initialzündung ausgelöst. Die Anziehungskraft der Person ist für Sie eine Aufforderung, genauer hinzuschauen. Sie wollen diese Person unbedingt näher kennenlernen und Ihre Neugier ist geweckt, weil Sie direkt Sympathie entwickeln.

Ausstrahlung ist das, was bei einer ersten Begegnung auffällt. Sie ist der Beginn von Freundschaften, Beziehungen oder der Anstoß für eine bessere Position im Job.

Diese Menschen sind in der Lage, vor 4000 Zuschauern eine Rede zu halten, ohne die Zuhörer zu langweilen. Sie besuchen Partys, wo sie keinen kennen und haben anschließend viele neue Freunde und mehrere Einladungen zum Essen oder weiteren Veranstaltungen. Durch ihre Ausstrahlung erhalten sie einen Führungsposten, auch wenn es ihnen an fachlicher Kompetenz fehlt.

Ausstrahlung ist eng mit der Anziehungskraft verbunden. Dieses zeigen beispielsweise charismatische Persönlichkeiten wie Barack Obama, dem die Menschen bei seinen Reden an den Lippen klebten, weil er eine unheimliche Überzeugungskraft und Charisma besitzt.

In der Bibel steht geschrieben, dass Ausstrahlung eine Gnade ist.

Wer sich einmal mit einem Coach darüber unterhält, bekommt zu hören, dass Charisma, wie es Politiker oder Künstler haben, erlernbar ist.

Doch was ist eigentlich Charisma bzw. Ausstrahlung? Ist es Stil, Persönlichkeit, eine perfekte Inszenierung oder vielleicht das magische Ergebnis von Projektionen und Hoffnungen. Genauso wie Barack Obama wird Martin Luther King, Julius Caesar und Mutter Teresa zu den charismatischen Persönlichkeiten gezählt und im gleichen Atemzug genannt. Schnell stellt sich Ihnen sicherlich die Frage, was Charisma bedeutet. Welchen Stellenwert hat Ausstrahlung in einer scheinbar komplexen, unsicheren Zeit, in der sich die Zukunft recht unsicher gestaltet?

Was ist das besondere an diesen Menschen mit Ausstrahlung?

Haben sie in ihrem Leben erkannt, wer sie wirklich sind und wo sich ihre Wurzeln befinden? Oder ist es nur das Können, sich perfekt und zum richtigen Zeitpunkt in Szene zu setzen? Eines ist auf jeden Fall klar. Wer Ausstrahlung besitzt und diese richtig nutzt, schafft es, sein Leben nach eigenen Wünschen zu gestalten.

Menschen werden nach ihrem Auftreten, ihrer Ausstrahlung beurteilt. Dabei spielen im ersten Moment Leistungsbereitschaft und Fachwissen untergeordnete Rollen. Eine strahlende Fassade können Sie auch bekommen, indem Sie Ihre Ausstrahlung verbessern.

Was ist Ausstrahlung?

Menschen, die Ausstrahlung besitzen haben Charisma. Doch was bedeutet Charisma? Vielfach wird es mit etwas Magischem, einer Gabe oder Aufgeschlossenheit gleichgesetzt. Der US-Psychologe Ronald Riggio vom Kravis Leadership Institut am Claremont McKenna College erklärt, dass Ausstrahlung der momentanen Situation beigemessen wird. Seit mehr als 30 Jahren beschäftigt er sich mit charismatischer Ausstrahlung und behauptet, dass es eine messbare Größe nach klaren Kriterien ist.

Gemäß seinen Forschungen ist Charisma eine Mischung aus Expressivität, Sensitivität und Kontrolle, die in einem ausbalancierten Verhältnis stehen. Dafür hat er verschiedene Versuche durchgeführt und den „Social Skill Inventory" mit 90 Fragen zusammengestellt.

Mit diesem Fragenkatalog lässt sich das Charisma der Testpersonen auswerten.

Bei der Kontrolle der Testbögen erfolgt eine Messung der Komponenten Expressivität, Sensitivität und Kontrolle, die im späteren Verlauf in emotionale und soziale Facetten unterteilt werden. Um Ihnen Charisma verständlich zu erklären, müssen Sie wissen, dass emotionale Expressivität die Gabe ist, authentisch Gefühle mitzuteilen, auszusprechen und gegenüber anderen zu vertreten.

Soziale Expressivität bezeichnet die Fähigkeit, ohne Mühe andere Personen in ein Gespräch zu verwickeln, sicher in der Öffentlichkeit aufzutreten und andere Menschen in Ihren Bann zu ziehen.

Charismatische Menschen sind mit einem positiven Gefühl ausgestattet. Wenn sie den Raum betreten, fallen sie sofort durch ihre positive Energie und ihre Strahlkraft auf.

Eines der sichtbarsten Zeichen von Charisma ist demnach Expressivität, wie Riggio sagt. Eine verborgene, nicht sofort sichtbare und trotzdem komplexe Verhaltensweise von charismatischen Menschen ist die soziale Kontrolle, die diesen Personen ermöglicht, sich sofort auf unterschiedliche Situationen und verschiedene Personen einzustellen. Dabei passen sie ihr eigenes Verhalten den Umständen an.

Mit der emotionalen Kontrolle gelingt es ihnen, eigene Gefühle zu kontrollieren. Damit wird verhindert, dass sie mit Wutausbrüchen andere beleidigen, verletzen oder in ein Fettnäpfchen treten.

Menschen mit Ausstrahlung besitzen eine hohe Sensitivität. Sie schaffen eine sofortige, sehr tief gehende emotionale Verbindung zu anderen Menschen. Die sozialen Facetten der Sensitivität schärfen die Wahrnehmung von Stimmungen und Atmosphäre, wodurch sich der charismatische Mensch mit Taktgefühl in die Gruppe einfügt. Die emotionale Seite sorgt für einen einfühlsamen und wohlwollenden Umgang. In einer solchen Situation spürt der andere, dass nicht anderes wichtig ist.

Gemäß Reggio gibt es dementsprechend 6 Grundpfeiler für eine charismatische Ausstrahlung. Allerdings reicht es nicht, diese zu besitzen. Viel wichtiger ist dabei, dass diese in einem ausbalancierten Verhältnis vorhanden sind. Ist dieses nicht der Fall, werden Sie schnell als Sonderling abgestempelt, als komisch empfunden und weniger als charismatischer Mensch gesehen.

Ausstrahlung und Körpersprache

Beim Betrachten von Führungspersönlichkeiten zeigt sich, dass Ausstrahlung Kontrolle und Einfluss auf andere Menschen ergeben kann. Charismatische Menschen sind nicht nur wahre Wortakrobaten, sondern setzen gezielt die Körpersprache ein. Damit verleihen sie den gesagten Worten Nachdruck und zusätzliches Gewicht.

Sie nutzen eine große Bandbreite an Gesten und Gesichtsausdrücken, reden freundlich und leidenschaftlich. Mimik und Gestik passen sie ihrem Gesprächspartner ganz automatisch und ohne Anstrengung an. In einer Studie fand der US-Psychologe Frank Benieri der Oregon State University heraus, dass Menschen dadurch viel sympathischer wirken und charismatisch wahrgenommen werden.

Bei einer Analyse von politischen Reden ist Reggio etwas Besonderes aufgefallen. Barack Obama beispielsweise verwendet doppelt so viele Metaphern als andere Politiker. Die Zuhörer verstehen die gesagten Worte leichter, werden emotional berührt und kleben an seinen Lippen.

Ein entscheidender Faktor, ob Sie als Mensch mit charismatischer Ausstrahlung wahrgenommen werden, ist nicht situationsbedingt, wie die Psychologin Maia Young mit Ihren Kollegen von der University of California herausfand. Eine kürzlich veröffentlichte Studie zeigt, dass charismatische Ausstrahlung im Kopf der Menschen entsteht, denen Sie begegnen.

Um dieses zu belegen, führte Young drei Experimente durch.

Dabei gab es für die Teilnehmer unterschiedliche Informationen, wie der jeweilige Manager sein Projekt zum Erfolg gebracht hat.

Die Auswertung der Studie zeigt deutlich, dass der Manager als besonders charismatische Persönlichkeit eingestuft wird, zu dem es keine Informationen über Arbeitsstunden und Aufwand gibt, um mit seinem Projekt erfolgreich zu sein. Die Teilnehmer gehen davon aus, dass besondere Fähigkeiten vorhanden sind, die als visionär gesehen werden.

Stellt sich bei Ihnen eine solche Denkweise bei Menschen ein, die Sie gar nicht kennen, kann die empfundene Ausstrahlung auch eine Illusion sein. Somit ergeben sich zwei Annahmen aus dieser Studie. Auf der einen Seite beruhen demnach politische und geschäftliche Erfolge nicht auf Taten. Sie sind das Ergebnis der jeweiligen Deutung der Erfolge.

Und genau diese Deutung beeinflusst die Sichtweise, ob ein Mensch als charismatisch empfunden wird.

Auch wenn Sie jetzt wissen, wie sich die charismatische Ausstrahlung zusammensetzt, ist damit noch lange nicht die eigene Ausstrahlung verbessert. Es gibt aber Möglichkeiten, an Ihrem Charisma und Ihrer Anziehungskraft zu arbeiten. Sie haben den Kochlöffel in der Hand, fügen die Zutaten zusammen und schaffen damit, Ihre Ausstrahlung zu verbessern.

Nutzen Sie dafür die Erkenntnisse einer Studie von Reggio, woraus sich der Charisma-Quotient ergibt. Eine wichtige Grundlage spielen dabei sechs Basisfähigkeiten.

Im ersten Moment werden Sie garantiert an Schönheit und optische Merkmale denken.

Doch diese stellen noch lange keine charismatische Ausstrahlung bereit. Viel wichtiger sind sechs Eigenschaften, die auf sozialer Kompetenz beruhen.

- die Fähigkeit, Gefühle auszudrücken
- eine besondere Ausprägung des Einfühlungsvermögens
- Selbstkontrolle auf sozialer Ebene
- ein besonderes Feingefühl
- hervorragende Selbstkontrolle
- sprachliche Gewandtheit und Ausdruckskraft

Wer diese Fähigkeiten besitzt oder erlernt, wird als Mensch mit Ausstrahlung wahrgenommen. Schöpfen Sie Ihr charismatisches Potenzial aus und erweitern Sie nach und nach Ihre vorhandenen Fähigkeiten. Dafür brauchen Sie keine Schönheitschirurgie, weil Sie das aus eigener Kraft und eigenem Antrieb heraus schaffen.

Die wichtigsten Regeln für eine charismatische Ausstrahlung

Es gibt Regeln im Bezug auf Expressivität, Sensibilität und Kontrolle, die Sie verinnerlichen sollten, um Ihre Ausstrahlung zu verbessern.

Die Wichtigsten gestalten sich folgendermaßen und beziehen sich auf Ihre Person, Handlungen, Achtsamkeit und Ihre Körpersprache.

Expressivität – Das Annehmen seiner selbst

Wichtig ist, dass Sie lernen sich selbst wertzuschätzen, sich anzunehmen und sich selbst zu lieben, wie Sie sind. Diese Eigenschaften haben Menschen mit Ausstrahlung verinnerlicht.

Dieses Charisma wirkt vielfach nur, weil sie Offenheit und ein gewisses Maß an Extrovertiertheit zur Schau stellen. Doch auch ruhige, verschlossene Menschen können eine ganz besondere Strahlkraft besitzen, weil diese Personen sich selbst wertschätzen und authentisch sind.

Introvertierte Menschen sind auch in der Lage, zu anderen Menschen Kontakte aufzubauen, ohne sich durch bestimmte Verhaltensweisen und Muster ins Rampenlicht zu stellen.

Gehören Sie eher zu der introvertierten Fraktion, ist es besonders wichtig, dass Sie positiv über sich selbst denken und reden. Macht jemand Ihnen Komplimente, nehmen Sie diese an, freuen Sie sich und seien Sie dankbar, anstatt das Kompliment kleinzureden. Wichtig ist vor allen Dingen, dass Sie ironische und abwertende Äußerungen aus Ihrem Wortschatz streichen. Wortgebilde wie beispielsweise „Meine Wenigkeit" ist genauso abwerten wie die Bitte darum, auch einmal etwas sagen zu dürfen. Verwenden Sie das kleine Wort „Ich" mit seiner gesamten Wertigkeit.

Indem Sie handeln, werden Sie wahrgenommen und stärken Ihre Ausstrahlung. Sie kennen die Situation, dass endlose Diskussionen keine konstruktiven Ergebnisse liefern und viel Zeit dafür vergeudet wird. Anstatt zu jammern, sollten Sie freundlich und respektvoll das Wort ergreifen und darauf hinweisen, dass diese Diskussion zu keinem

Ergebnis führt und endlich Klartext gesprochen wird.

Mit einer solchen Äußerung steigern Sie Ihre Ausstrahlung, da Sie das aussprechen, was andere Teilnehmer der Diskussion denken. Selbstsicheres Auftreten und die eigene Meinung äußern sorgt zudem dafür, dass andere Ihnen den nötigen Respekt entgegenbringen.

Solche Äußerungen gelingen Ihnen, wenn Sie einen guten Kontakt zu Ihren Gefühlen haben und diese auch zeigen. Nichts anderes bedeutet Expressivität. Viele Menschen haben aber verlernt auf Ihre Gefühle zu achten und diesen einen besonderen Stellenwert beizumessen. Dementsprechend interessant gestaltet es sich, wenn Sie Gefühle wie Wut, Trauer, Freude sowie Glück bewusst ausleben und dabei sich selbst bewusst beobachten und schauen, wie sich die Körperhaltung und Mimik verändert, was im Körper passiert und welche Gefühle dabei auftauchen.

Ein kleines Beispiel: Scheuen Sie sich nicht vor Smalltalk. Gerade banale Gesprächsthemen, die sich aus einer Situation ergeben, sind ein guter Anfang für ein Gespräch. So können Sie beispielsweise erfahren, woher andere Gäste auf einer Party den Gastgeber kennen und haben damit den Grundstein für eine Plauderei gelegt.

Betrachten Sie Smalltalk wie ein Ballspiel, wo Sie jemandem den Ball zuwerfen und den Anfang machen. Ihr Gesprächspartner wird gerne darauf einsteigen und Ihnen den Ball zurückwerfen.

Sensitivität

Ob Sie sich wirklich für andere interessieren, ist einer der wichtigsten Aspekte der Sensitivität. Frauen sind mitunter die besseren Gesprächspartner als Männer, weil sie zuhören und auf das Gesagte eingehen. Dieses ist Fluch und Segen gleichermaßen. Als große Stärke lässt sich diese Eigenschaft einstufen, wenn andere Personen das gleiche Interesse an Ihnen haben und das Gespräch nicht als kostenlose Therapiestunde benutzen.

Sensitivität und die damit einhergehende positive Ausstrahlung zeigt sich, wenn der Gesprächspartner wirklich zuhört, in das Gespräch einsteigt, wenn er an der Reihe ist, zwischendurch nicht auf das Handy schaut oder den Blick schweifen lässt.

Indem Sie dem Gesprächspartner die volle Aufmerksamkeit schenken, zeigen Sie ihm Ihr Interesse.

Durch diese Präsenz ergibt sich einer der stärksten Booster für Ihre Ausstrahlung. Besonders positiv bewertet wird dabei, wenn Sie sich bei neuen Bekanntschaften den Namen Ihres Gesprächspartners merken. Lenken Sie daher Ihre volle Aufmerksamkeit darauf, wenn sich eine andere Person bei Ihnen mit Namen vorstellt. Wiederholtes Nachfragen nach dem Namen interpretiert Ihr Gesprächspartner meist mit Desinteresse.

Nutzen Sie beispielsweise Visitenkarten, um sich Notizen auf der Rückseite zu machen. Beim Smalltalk erfahren Sie beispielsweise, ob der Gesprächspartner Kinder oder einen Hund hat. Diese Informationen sind gute Themen, womit Sie bei einem erneuten Treffen ein Gespräch wieder aufnehmen können. Stellen Sie Fragen, um Ihren Gesprächspartner zu animieren.

Haben Sie das Gefühl, dass Ihr gegenüber mit einem bestimmten Thema nichts anfangen kann, fragen Sie ihn ruhig, ob er sich für das Thema nicht interessiert. Mit der Antwort können Sie besser auf die Gefühle des Gesprächspartners eingehen, andere Themenbereiche aufgreifen oder ihn dazu auffordern, das Gesprächsthema zu bestimmen.

Mit einer guten Beobachtungsgabe erweitern Sie Ihre Menschenkenntnis. Schauen Sie doch einfach einmal zwei Personen im Gespräch aus einer gewissen Distanz an und versuchen Sie anhand von Mimik und Gestik herauszufinden, worüber sich gerade unterhalten wird.

Genauso spannend gestalten sich Mutmaßungen über eine Person, wie beispielsweise der Mann oder die Frau am Nebentisch. Welches Hobby oder welchen Musikgeschmack könnte diese Person haben?

Kontrolle

Haben Sie Ihre Körpersprache immer genau im Blick. Als souverän gelten beispielsweise Menschen, die trotz Nervosität mit innerer Ruhe und Ausstrahlung überzeugen. Wenig kompetent werden hingegen Menschen eingestuft, die unpünktlich sind, immer abgehetzt wirken und ständig unter Strom stehen. Darunter leidet natürlich auch die Ausstrahlung.

Nehmen Sie sich Zeit, um nicht als Laufbursche, sondern als Herrscher wahrgenommen zu werden. Ihre volle Konzentration sollte dabei auf den Dingen liegen, die Sie gerade machen. Müssen Sie gleich eine Rede vor vielen Menschen halten, gönnen Sie sich einen Moment der Ruhe, in dem Sie sich sammeln und auf sich selbst konzentrieren.

Körpersprache drückt sich auch in Ihrer Körperhaltung aus. Viele Menschen haben die Gewohnheit, Ihr Gewicht auf ein Bein zu verlagern und den Oberkörper leicht nach vorne zu beugen. Diese Körperhaltung beeinträchtigt Ihre Ausstrahlung, weil Sie damit keine selbstbewusste Körperhaltung einnehmen. Für eine charismatische Ausstrahlung sollten Sie für optimale Bodenhaftung sorgen. Stellen Sie beide Füße fest auf den Boden und nehmen Sie eine aufrechte Haltung ein. Die dabei entstehende Körperspannung wird ihre Wirkung auf andere Menschen nicht verfehlen.

Wer sich dazu aufraffen kann, sollte sich einer Theatergruppe anschließen, um das Ausdrücken von Gefühlen zu erlernen. Dabei trainieren Sie nicht nur Ihre Körpersprache, sondern auch ein sicheres Auftreten, sodass Ihnen im Mittelpunkt zu stehen nichts mehr ausmacht.

Ständige Unterbrechungen geben Ihnen das Gefühl, dass Ihnen nicht zugehört wird und Ihre Meinung nicht wichtig ist. Gewöhnen Sie sich an in die Offensive zu gehen. Suchen Sie nicht den Blickkontakt, sondern berühren Sie Ihren Gesprächspartner und sprechen Sie einfach weiter. Personen in weiterer Entfernung lassen sich durch ein eindeutiges Handzeichen stoppen, wenn sie ihnen ins Wort fallen wollen. Für Ihren gegenüber wirkt diese Geste wie ein Stoppzeichen bzw. eine Verwarnung.

Reden will gelernt sein. Daher sollten Sie jede Möglichkeit wahrnehmen, sich öffentlich zu präsentieren und die Rhetorik zu verbessern. Mit der Zeit wird Ihr Selbstbewusstsein wachsen, weil Sie die Wirkung Ihrer Ausstrahlung sehen.

Ausstrahlung – eine Darstellung Ihrer Persönlichkeit

Menschen mit Charisma sind sich oftmals der Ausstrahlung und Wirkung auf andere gar nicht bewusst, weil sie erst gar nicht darüber nachdenken, wie sie auf andere wirken. Diese Fähigkeit beruht auf Selbstachtung, Selbstwertgefühl, Selbstbewusstsein und Selbstliebe. Im richtigen Mix wird damit eine charismatische Ausstrahlung erzeugt.

Menschen, die sich selbst lieben, so wie sie sind, verfügen über einen gesunden Narzissmus. Das Auftreten und die erzeugte Wirkung machen dabei die Ausstrahlung aus. Überlegen Sie doch einmal, wie Sie im Job, in Ihrer Beziehung, beim Flirten und im alltäglichen Leben auf andere Menschen wirken.

Genauso sollten Sie sich Menschen genauer anschauen, die sich extrem positiv darstellen. Taucht bei Ihnen nicht auch das Gefühl auf, dass diese überheblich und arrogant wirken?

Das Umfeld reagiert sehr sensibel darauf. Gerade im Freundeskreis und Bekanntenkreis werden solche Menschen nicht als positiv wahrgenommen. Doch wie stellen Sie sich selber dar? Finden Sie vielleicht Parallelen zu dem Verhalten, das Sie als negativ empfinden? Eine genaue Betrachtung Ihrer Freunde ist ein guter Ansatzpunkt, um an der eigenen Ausstrahlung etwas zu verändern.

Im Gespräch mit Freunden und Bekannten, bekommen Sie interessante Einblicke, wie sich diese Personen selbst wahrnehmen. Sie werden Ihnen nicht sagen, dass sie sich gerade gar nicht leiden können, auch wenn es der Tatsache entspricht.

Jeder Mensch hat seinen ganz eigenen Blickwinkel auf sich selbst und sieht sich meist ganz anderes, als andere ihn sehen. Ein ehrliches Feedback erhalten Sie von Ihrem besten Freund oder Ihrer besten Freundin. Damit gelingt es, Ihren Selbstwert, Selbstbewusstsein, Selbstachtung und Ihrer Ausstrahlung zu verbessern. Mit diesen Antworten können Sie die Selbstreflexion beginnen.

Diese Menschen sind Ihre Vertrauten und müssen Ihnen keinen Honig ums Maul schmieren. Vielmehr stehen sie Ihnen unterstützend bei, um Selbstzweifel zu überwinden, um an Ihrer Selbstachtung und dem Selbstbewusstsein zu arbeiten.

Indem sich Ihr Selbstbild verbessert, steigern Sie Ihre Attraktivität und erreichen, dass Sie Ihre Ausstrahlung verbessern.

Eine positive Ausstrahlung stellt auch Mechanismen bereit, die Einfluss auf Anziehung und Verführung haben. Sie sind wichtige Grundlagen, damit sich aus einer Bekanntschaft eine Liebesbeziehung entwickeln kann. Die Mechanismen haben einen psychologischen Charakter und legen fest, ob sich ein anderer Mensch in Sie verliebt und ein großes Verlangen danach verspürt, Sie besser und intensiver kennenzulernen.

Ausstrahlung und bestimmte Verhaltensweisen sind wichtige Indikatoren, ob Sie einen Platz im Herzen der anderen Person einnehmen oder abserviert werden. Wirkt die Ausstrahlung überheblich und arrogant, stehen Sie zum guten Schluss wieder alleine dar, sind frustriert und wissen gar nicht, warum es wieder einmal nicht funktioniert hat.

Gefühle, die Ihnen entgegengebracht werden, beruhen auf logischen Methoden und sind rational gesteuert.

Es gilt dabei Auslöser und Wirkung, die nach einem bestimmten Muster hervorgerufen werden.

Ein kleines Beispiel: Sie denken gerade an den bevorstehenden Urlaub und freuen sich, dass Sie bald an einem wundervollen Ort sind, wo Sie Sonne, Strand und Meer genießen. Bei diesen schönen Gedanken stellt sich ein besonderes Glücksgefühl ein, weil eine chemische Reaktion in Ihrem Körper Endorphine freisetzt. Für diese positiven Emotionen sind Sie selbst verantwortlich, weil Sie von Ihnen selbst ausgelöst wurden. Leider funktioniert das nicht bei der Anziehung, weil dahinter keine intuitive Logik steckt. Viele laufen daher blind durch ihr Leben und wissen gar nicht wer sie sind.

Menschen, zu denen Sie sich hingezogen fühlen, müssen Ihnen noch lange nicht das gleiche Gefühl entgegenbringen.

Vielleicht verschwendet die andere Person noch nicht einmal einen Gedanken an Sie oder empfindet Sie sogar als unangenehm. Um Ihre Ausstrahlung und damit Ihre Anziehungskraft zu verbessern, sollten Sie auf den Gesprächspartner eingehen, interessiert sein, aber gleichzeitig eine gewisse Distanz wahren, gerade wenn Sie die andere Person gerade kennenlernen. Damit wecken Sie die Neugier und steigern Ihre Attraktivität.

Ihr gegenüber möchte mehr über Sie wissen und setzt sich dadurch gedanklich intensiver mit Ihnen auseinander.

Im „Psychological Science" ist ein Bericht von Wissenschaftlern der University of Virginia in Charlottesville zu finden, die zusammen mit Erin Whitchurch erklären, wie Sie Ihre Persönlichkeit bei einem ersten Kennenlernen präsentieren sollten.

Demnach sollten Sie überschwängliche Gefühle nicht offen preisgeben.

Hat Ihr Gesprächspartner aber das Gefühl, dass Sie interessiert sind, wird er sich von Ihnen angezogen fühlen.

Präsenz – wichtige Komponente charismatischer Persönlichkeiten

Ausstrahlung ist eng mit Präsenz verbunden. Allerdings gestaltet es sich nicht einfach, die Präsenz zu steigern, ohne das Gefühl zu vermitteln, sich selbst in den Vordergrund stellen zu wollen. Es wird garantiert Menschen in Ihrem Umfeld geben, die Ihre Bemühungen um mehr Präsenz negativ bewerten, weil Sie bisher eher unscheinbar waren und auf einmal in die Wahrnehmung anderer rücken.

Eine große Rolle spielt dabei die Wahrnehmung der anderen Menschen, woraus sich eine Bewertung Ihrer Person ergibt. Der Begriff Präsenz ist in diesem Zusammenhang mit Anwesenheit und Gegenwart gleichzusetzen. Dabei besteht ein enger Bezug zu einer Person oder einer Sache.

Mit Gegenwart ist aber nicht die Zeitform „Präsens" gemeint, die so bezeichnet wird. Erkennen können Sie den Unterschied an der Schreibweise. Die hier gemeinte Gegenwart bzw. Präsenz bezieht sich auf die körperliche Ausstrahlung einer Person.

Menschen, mit einer besonderen Ausstrahlung haben eine raumfüllende, starke körperliche Präsenz. Dabei geht es nicht um die körperliche Größe, sondern um die Definition von Charisma. Es gibt eine Vielzahl von Synonymen, die für Präsenz Verwendung finden. Dazu gehören:

- Ausstrahlung
- Wirkung
- Aura
- Zauber
- Strahlkraft
- Faszination

Aufmerksamkeit erregen solche Menschen mit ihrer Ausstrahlung, weil sie ein spezielles Verhalten mit einem entsprechenden Erscheinungsbild sowie Körpersprache, Gestik und Mimik vereinen.

Die Präsenz eines Menschen ist wichtig. Ein schönes Beispiel ist der Staat, der durch die Polizei Präsenz zeigt, wenn Gegebenheiten und Situationen dieses erfordern.

Die erhöhte Polizeipräsenz zeigt der Bevölkerung, dass sie sich keine Sorgen machen müssen und die Staatsdiener alles im Griff haben.

Ein maßgeblicher Erfolgsfaktor ist nicht nur die körperliche Präsenz. Unternehmenserfolge lassen sich durch eine tolle, ansprechende Homepage erreichen, die gut zu finden ist und Interaktion sowie Kontaktaufnahme mit einem potenziellen Interessenten ermöglichen.

Nichtsdestotrotz steht die Frage im Raum, warum die Bedeutung der geistigen Präsenz einer bestimmten Person so wichtig ist. Gut nachvollziehen lässt sich das, wenn Sie einmal schauen, wie sich das Gegenteil von Präsenz gestaltet. Wird Präsenz als Anwesenheit gedeutet, ist das Gegenteil Abwesenheit. Dementsprechend kann ein Mensch körperlich anwesend aber geistig mit anderen Dingen beschäftigt sein. Präsenz im Zusammenhang mit charismatischer Ausstrahlung ist daher nicht nur die körperliche Anwesenheit, sondern auch die geistige. Die allumfassende Anwesenheit ist das, was andere Menschen in Ihren Bann zieht.

Fehlt es Ihnen an körperlicher oder geistiger Präsenz, wird Ihr Umfeld Sie gar nicht erst wahrnehmen. Die Vorstellung ist weder im Arbeitsleben, noch im Privaten besonders angenehm. Trösten Sie sich! Nicht jeder ist dafür geschaffen, jedermanns Liebling zu sein.

Darum geht es auch gar nicht! Wer sich dazu entschließt, an seiner Ausstrahlung zu arbeiten, muss nicht als Star auf der großen Bühne stehen und von allen angebetet zu werden. Es geht viel eher darum, dass Sie Ihre Fähigkeiten ausbauen, um mit Ihrer Ausstrahlung präsenter zu sein. Es gibt immer wieder Gegebenheiten und Situationen, in denen sich dieses als sehr vorteilhaft erweist.

- Im Berufsleben werden Sie von Ihren Mitarbeitern, Kollegen und Ihrem Chef wahrgenommen und Ihr Verhalten wird genau beobachtet. Stalking ist das nicht, sondern eine Begutachtung Ihrer Fähigkeiten, Arbeitsweise, Zuverlässigkeit, Hilfsbereitschaft und Motivation. Geschaut wird zudem, wie stark Sie sich in das Unternehmen einbringen und mit Ihren Ideen neue Möglichkeiten eröffnen.

- In freundschaftlichen und partnerschaftlichen Beziehungen gelten die gleichen Aspekte, die im Punkt vorher bereits erwähnt sind. Ihre Präsenz wird dabei an Ihrer Aktivität und Gestaltung festgemacht. Dazu gehört nicht nur die körperliche Anwesenheit, sondern auch beispielsweise die Aktivitäten wie E-Mails schreiben, telefonieren oder Besuche, die Sie unternehmen, wenn Freunde weiter entfernt wohnen.
- Im Alltag gibt es immer wieder genügend Situationen, in denen Ihre Präsenz von großer Wichtigkeit ist. Dazu gehört die Sportveranstaltung, die Ihrem Kind so wichtig ist, genauso wie die Teilnahme an Ratssitzungen in Ihrer Stadt, wo Sie als mündiger Bürger auf Entscheidungen Einfluss nehmen können.

Diese vielen unterschiedlichen Gegebenheiten stellen Ihnen die Möglichkeit bereit, Ihre Meinung zu äußern und sich damit Gehör zu verschaffen. Wer sich nicht einbringt und zurückzieht, verzichtet darauf, seine Rechte wahrzunehmen und verspielt die dadurch entstehenden Vorteile.

Indem Sie sich zurückziehen und nicht präsent sind, verpassen Sie eine Beförderung. Wer hingegen Präsenz zeigt, erlangt ungeteilte Aufmerksamkeit, weil solche Menschen als Macher gelten und mit ihrer Ausstrahlung überzeugen.

9 Tipps, um Ihre Präsenz zu steigern

Zuerst einmal sollten Sie sich vor Augen führen, dass Sie Ihre Chancen im Umgang mit anderen Personen und Ihrem Umfeld deutlich verbessern, wenn Sie an Ihrer Präsenz arbeiten.

Im Berufsleben lässt sich präsentes Auftreten von Führungskräften abschauen. Denn Sie besitzen folgende Eigenschaften:

- Selbstsicherheit
- Klarheit
- Authentizität

Mit den folgenden Tipps bauen Sie Ihre Präsenz aus und verbessern Ihre Ausstrahlung:

1. Reflektieren Sie sich selbst!

Am besten funktioniert Selbstreflexion, wenn Sie sich Ihrer Wirkung auf andere bewusst werden. Gehen Sie auf die Suche nach Ihren Stärken und Schwächen.

Beginnen Sie, an Ihren Stärken zu arbeiten, um diese weiter auszubauen und hervorzuheben. Das gelingt Ihnen garantiert leichter, als an Ihren Schwächen zu arbeiten.

Wenn bei Ihnen Unsicherheiten auftreten, sind Kollegen, Familie und Freunde die richtigen Ansprechpartner. Bei der Wahl der Personen sollten Sie aber darauf achten, dass diese Ihnen nichts Schlechtes wollen.

Wohlgesinnte Menschen geben Ihnen ehrliche Antworten. Mit diesem Feedback können Sie an Ihrer Präsenz und Ausstrahlung arbeiten.

Die Meinung anderer über Sie ist bei der Selbstreflexion wichtig.

Denn damit sehen Sie, wie Sie von anderen Menschen wahrgenommen werden.

Zwischen Selbstbild und Fremdbild ist oftmals eine tiefe Kluft.

2. Arbeiten Sie an Ihrer Sprache!

Durch die Wahl Ihrer Worte veranlassen Sie andere Menschen aufzuhorchen. Indem Sie sich klar und deutlich ausdrücken, weiß Ihr gegenüber, dass Sie zu Ihren Worten stehen und sich kein Hintertürchen offen halten.

Im Wortschatz von charismatischen Menschen werden Sie niemals Worte wie eigentlich, wahrscheinlich oder vielleicht finden. Genau diese Worte schwächen die kraftvolle Wirkung.

Gleichzeitig verschleiern sie, dass ihre Aussage nicht richtig ist oder auf Hörensagen beruht.

Diese Worte führen dazu, dass Sie weniger Selbstvertrauen ausstrahlen. Es stellt sich der Effekt ein, dass Sie nicht für voll genommen werden, was Ihre Ausstrahlung und Wirkung auf andere beeinträchtigt.

3. Präsenz mit Ihrer Stimme steigern

Durch Worte, Formulierungen, der Lautstärke, dem Tonfall und der Satzmelodie haben sie eine gute Möglichkeit, auf sich aufmerksam zu machen. Introvertierte Menschen bleiben von Natur aus eher im Hintergrund, teilen ihre Meinung selten mit, weil ihnen das sehr schwerfällt.

Menschen mit einer weniger ausdrucksstarken Stimme, werden allein schon akustisch nicht wahrgenommen. Vielfach geht die Einschätzung dieser Person sogar soweit, dass ihr jegliche Kompetenz abgesprochen wird.

Wer auf sich aufmerksam machen und präsenter sein möchte, sollte die Stimme trainieren, um den gesagten Worten mehr Nachdruck zu verleihen. Das verschafft nicht nur Gehör, sondern führt auch zu mehr Selbstvertrauen und Selbstbewusstsein.

4. Bieten Sie anderen Raum zum Sprechen!

Indem Sie nicht einfach nur Ihre Gedanken herunter rattern, sondern zwischendurch auch Atempausen einlegen, bieten Sie anderen die Möglichkeit, Ihren Worten bewusst zu lauschen. Sprechpausen wirken souverän.

Denn Sie spulen nicht nur den vorbereiteten Vortrag ab, weil Sie Ihre Nervosität nicht zeigen wollen und froh sind, wenn alles vorbei ist. Auch in Gesprächen sind Pausen sehr wichtig.

Damit eröffnen Sie anderen Menschen die Chance, einen Beitrag zum Gespräch zu leisten.

5. Lernen Sie zu improvisieren!

Menschen mit einer charismatischen Ausstrahlung und einer guten Portion Präsenz können sich sofort auf neue Themen einstellen und sehr gut improvisieren.

Dadurch stellen ungewohnte Situationen keine Probleme dar. Improvisation setzt aber eine gewisse Spontanität und Flexibilität voraus. Dafür müssen Sie von Ihrem bisherigen Weg abweichen und die Kunst des Improvisierens lernen.

So können Sie beispielsweise einen Kurs bei einem Improvisationstheater belegen, um Spontanität zu erlernen.

6. Gehen Sie auf andere Menschen zu!

Abwesenheit ist das Gegenteil von Präsenz. Um aber präsent zu sein, gehört ein Stück weit Offenheit dazu. Gehen Sie auf andere Menschen zu und zeigen Sie, dass Sie anwesend sind.

Sehr gut geeignet sind dafür kleine Veranstaltungen oder Partys, bei denen Sie anderen Menschen begegnen.

Mit der Zeit stellt sich eine gewisse Sicherheit ein, sodass Sie anderen Menschen mit Offenheit und Freundlichkeit gegenübertreten und Kommunikationsbereitschaft signalisieren.

Ganz automatisch wird sich Ihr Netzwerk vergrößern und ein besseres Selbstvertrauen einstellen.

7. Mimik öffnet Ihnen viele Türen!

Indem Sie Präsenz zeigen, wecken Sie das Interesse der anderen. Wenn Sie dabei auch noch sympathisch wirken, sind Sie auf der Gewinnerseite. Sympathie erlangen Sie mit Mimik und Körpersprache.

Wenn Sie Ihrem Gesprächspartner mit einem freundlichen, offenen Gesichtsausdruck begegnen, signalisieren Sie Interesse. Damit sprechen Sie mit Ihrer Mimik eine Einladung zu einem Gespräch aus.

Zeigen Sie Ihrem Gesprächspartner, dass Sie ihm aktiv zuhören und er Ihre ungeteilte Aufmerksamkeit hat.

Dieses zeigen Sie, indem Sie den anderen ausreden lassen und zwischendurch auch Fragen stellen.

8. Ausstrahlung – hinterlassen Sie einen guten, ersten Eindruck

Die erste Begegnung mit einem neuen Kunden, Kollegen, Vorgesetzten oder einer neuen Bekanntschaft ist ausschlaggebend, ob Ihnen Sympathien entgegengebracht werden. Das erste, was die Personen wahrnehmen, ist Ihre Ausstrahlung und genau für diese erste Wahrnehmung gibt es so gut wie keine zweite Chance.

Die Zeitspanne für das erste Urteil, das sich Ihr Gesprächspartner bildet, ist gerade einmal eine Zehntelsekunde lang. Daraus wird sich eine Meinung über Sie gebildet, die sich später nur schwer revidieren lässt.

Menschen vertrauen weniger auf Beweise oder Beteuerungen, sondern fast ausschließlich auf die Intuition. Es gibt daher nichts Wichtigeres als die Botschaft, die Sie bei der ersten Begegnung hinterlassen.

Die Wissenschaft hat dieses Thema genauer beleuchtet und ist zu der Erkenntnis gelangt, dass während des ersten Augenblicks zwei Einschätzungen über die andere Person im Gehirn Gestalt annnehmen:

- 1. Vertrauenswürdigkeit

Direkt im ersten Moment des Zusammentreffens mit einer unbekannten Person entscheidet das Gehirn darüber, ob der andere vertrauenswürdig und sympathisch ist. Der Ursprung dieser Entscheidung liegt in der Evolution. Damals war es für die Menschen von sehr großer Bedeutung, schnell eine Entscheidung zu treffen, ob es sich bei der anderen Person um einen Freund oder Feind handelt. Die Entscheidung beruht auf dem Blickkontakt, der Stimme und der Körpersprache.

- 2. sozialer Status

Während der ersten Begegnung wird auch in den ersten Sekunden die Kompetenz, soziale Stellung und Dominanz eingeschätzt.

Darüber gibt es sogar Studien die zeigen, dass Teilnehmer andere Personen aus der Gruppe innerhalb von wenigen Minuten durch ihre Körpersprache richtig einschätzen konnten.

Beim ersten Eindruck zählt daher nicht nur die Kleidung, sondern genauso die Ausstrahlung.

9. Ausstrahlung für die Karriere nutzen

Neben dem ersten Eindruck spielt Ausstrahlung auch sonst eine tragende Rolle. Immer wieder stoßen Sie im Berufsleben auf Situationen, bei denen Ihnen eine professionelle Ausstrahlung zugutekommt. Besser erläutern lässt sich das anhand folgender Szenarien:

Das Vorstellungsgespräch

In einer solchen Situation ist Nervosität ganz normal. Wenn Sie dabei allerdings eine souveräne Ausstrahlung an den Tag legen, Selbstsicherheit, Kompetenz und Professionalität ausstrahlen, geben Sie ein sehr gutes Bild ab und wirken überzeugend, dass Sie genau der Richtige für die ausgeschriebene Position sind.

Der Personalchef hört Ihnen nicht nur zu, sondern analysiert Ihre Körpersprache und beobachtet Sie genau.

Die Präsentation beim Kunden

Herr der Lage sind Sie im Kundengespräch, wenn Sie Professionalität mit Ihrer Ausstrahlung vereinen. Ihr Gesprächspartner gewinnt schnell Vertrauen, fühlt sich angenommen und gut aufgehoben. Denn Sie vermitteln durch Ihre Ausstrahlung Kompetenz und Glaubwürdigkeit. Das ist der Schlüssel für Geschäftsabschlüsse und stabile Kundenbeziehungen.

Das Essen mit Geschäftspartnern

Bei einem Geschäftsessen mit wichtigen Kunden oder dem Chef können Sie schnell negativ auffallen und sich selbst Steine in den Weg legen. Sind Sie aber in der Lage, mit Charisma und Charme zu überzeugen, öffnen Sie sich Tür und Tor für Einladungen zu weiteren wichtigen Anlässen, genauso wie für eine Beförderung und auf eine besser bezahlte Position im Unternehmen.

Tipps und Tricks, um die Ausstrahlung zu verbessern

Es gibt Menschen, die werden bereits mit einer tollen, überzeugenden Ausstrahlung geboren und gehören damit zu den wahren Naturtalenten, denen alles in den Schoß fällt. Stecken Sie den Kopf nicht in den Sand, wenn Sie weniger gut mit diesem Talent ausgestattet sind aber dafür andere Talente haben. Sie können lernen, Ihre Ausstrahlung zu verbessern. Die folgenden 10 Tipps und Tricks helfen Ihnen dabei, Ihre Ausstrahlung zu verbessern:

1. Bewusstsein für Ihre Ausstrahlung entwickeln

Dieser Schritt ist der Wichtigste, um wahrgenommen zu werden. Daher stärken Sie Ihr Bewusstsein dafür, wie andere Menschen Sie sehen, wie Sie sich verhalten und wie Sie auf andere wirken. Wichtig ist absolute

Ehrlichkeit zu sich selbst. Denn durch schonungslose Ehrlichkeit schaffen Sie die richtige Basis, um an sich selbst und den vorhandenen Defiziten zu arbeiten.

2. Verändern Sie Ihre Körpersprache

Einen souveränen Eindruck vermitteln Sie nicht mit hängenden Schultern und einem gesenkten Kopf. Schauen Sie im Spiegel einmal genau hin und trainieren Sie aufrecht zu stehen und Körperspannung aufzubauen. Direkt haben Sie eine gestreckte, gerade Haltung angenommen. Heben Sie den Kopf, um sich selbst direkt anschauen zu können. Wichtig ist dabei, dass Sie sich durch die Haltung nicht arrogant und hochnäsig darstellen.

Der Blickkontakt zu anderen Menschen sagt sehr viel über Sie aus. Ist jemand in der Lage, Augenkontakt zu halten, entsteht sofort Vertrauen. Achten Sie auf Ihre Gesten, die niemals abgehetzt wirken sollten.

Kontrollieren Sie sich selbst und führen sie langsame, offene Bewegungen durch. Damit wirken Sie nicht nur beruhigend auf den Gesprächspartner. Vielmehr vermitteln Sie ein elegantes Bild. Schauen Sie sich einfach mal Präsidenten, Königinnen und Könige an. Sie werden keine fahrigen, hektischen Bewegungen finden.

3. Für eine bessere Ausstrahlung den Gang trainieren

Ein altes, bekanntes Sprichwort lautet:

Zitat: *„Wie du kommst gegangen, so wirst du empfangen."* Johann Wolfgang von Goethe

In diesem Sprichwort steckt sehr viel Wahrheit. Es ist egal, ob Sie einen maßgeschneiderten Anzug oder einen Anzug von der Stange, ein Designerkleid oder eine günstigere Variante tragen. Ihr Auftritt wird durch Ihre Wirkung auf andere unterstrichen.

Durch Ihren ganz persönlichen Stil, durch Ihren Gang und die Körpersprache beeinflussen Sie die Wahrnehmung Ihrer Person.

Üben Sie einen offenen, selbstbewussten Gang mit großen Schritten. Damit wirken Sie gleich souveräner, als wenn Sie mit kleinen Trippelschritten daherkommen.

Versuchen Sie Ihrem Schritt mit einem angemessenen Tempo Zielstrebigkeit zu verleihen. Wenn Sie zu schnell gehen, wirken Sie abgehetzt und hektisch.

Genauso großen Einfluss auf Ihre Ausstrahlung, haben Ihr Sprachgebrauch und die Kraft Ihrer Stimme.

Daher sollten Sie sich immer bewusst machen, dass es immer den kleinen, feinen Unterschied gibt, mit dem Sie Ihre Wirkung auf andere verbessern.

4. Wählen Sie eine stilvolle Garderobe

Sie kennen die bekannten Worte:

Zitat: *„Kleider machen Leute"*, das der Titel einer Novelle des Schweizer Dichters Gottfried Keller ist.

In der Geschichte geht es um einen Schneider, der sich immer gut kleidet, obwohl er sehr arm ist. In einer fremden Stadt wird er durch seine äußere Erscheinung für einen polnischen Grafen gehalten, obwohl dieses nicht seinem Stand entspricht.

Kleidung spielt auch eine Rolle bei Ihrer Ausstrahlung. Das klingt vielleicht im ersten Moment sehr oberflächlich. Doch kaum ein Mensch kann sich davon freisprechen, dass er einen anderen Menschen nicht auch nach seinem Kleidungsstil beurteilt. Ein Geschäftsmann in einem maßgeschneiderten

Anzug wird anders beurteilt als ein Handwerker in bequemer, funktioneller Arbeitskleidung.

Grund dafür sind Stereotype, die eine sehr große Macht haben. Warum nutzen Sie diese nicht zu Ihrem Vorteil? Nutzen Sie ein Outfit, das genau das Bild darstellt, welches Sie vermitteln wollen.

Dabei sollten Sie überlegen, bei wem Sie einen ersten guten Eindruck hinterlassen wollen. Im Bezug auf Ihre Karriere im Unternehmen sollten Sie Ihre Kleidung danach auswählen, was Sie erreichen wollen. Geht es dabei um eine bessere Position, sollte die Kleidung dementsprechend ausfallen.

Erstaunlich ist die Wirkung von professioneller, stilvoller Kleidung auf die Körpersprache. In der Vergangenheit wurde dieses sogar durch psychologische Studien bestätigt.

Einfach ausgedrückt bedeutet das nichts anderes, als dass Sie sich im Anzug oder

Businesskostüm deutlich souveräner bewegen, als in Jeans und T-Shirt.

5. Verbessern Sie die Art sich auszudrücken

Die Wahl der Worte hat einen großen Einfluss und wirkt damit unmittelbar auf die Ausstrahlung. Denken Sie nur einmal an Martin Luther King, Barack Obama, Mutter Teresa und andere Persönlichkeiten. Sie alle werden in die Kategorien kompetent und intelligent eingestuft. Ähnliches passiert auch, wenn Sie anderen Menschen begegnet. Im ersten Moment gelangen Sie zu der Überzeugung, einen kompetenten, intelligenten Menschen vor sich zu haben, bis dieser den Mund aufmacht und die falschen Worte wählt. Schnell fällt Ihnen folgender Satz ein:

Zitat: „Hättest du geschwiegen, wärst du ein Philosoph geblieben." Boethius

Versuchen Sie im Gespräch die Worte immer weise auszuwählen.

Der Sprachschatz lässt sich sehr gut mit Lesen von Fachliteratur verbessern. Üben Sie Ihre Wortgewandtheit und nutzen Sie übliches Vokabular aus der jeweiligen Branche. Damit erzeugen Sie eine selbstsichere, professionelle Ausstrahlung.

6. Scheuen Sie sich nicht vor Verantwortung

Der richtige Umgang mit Problemen stellt auch eine professionelle Ausstrahlung dar. Indem Sie lamentieren und nicht auf den Punkt kommen, wirken Sie weniger souverän. Nennen Sie lieber das Kind direkt beim Namen, ganz gleich, ob es um ein missglücktes Projekt, Sie einen Fehler gemacht haben oder ein Kunde unzufrieden mit der Arbeit ist. Wer Verantwortung für Fehler übernimmt, konzentriert sich auf die Findung von Lösungen und schiebt die eigenen Fehler nicht anderen in die Schuhe.

Damit beweisen Sie Größe und persönliche Reife, die sich in Ihrer Ausstrahlung widerspiegelt.

7. Zeigen Sie anderen Menschen Ihre positive Grundhaltung

Die Ausstrahlung ist das Spiegelbild der eigenen, aktuellen Gefühlslage. Negative Emotionen beeinflussen sehr stark die Strahlkraft, ins besonders, wenn stetig ein Wechselbad der Gefühle vorhanden ist.

Damit ergibt sich schnell ein negatives, wankelmütiges Bild von Ihnen. Versuchen Sie besser eine positive Grundhaltung zu erlangen. Indem Sie sich dabei einem realistischen Optimismus hingeben, erreichen Sie eine attraktivere und sympathischere Wirkung.

8. Nutzen Sie die Überzeugungskraft von Verbindlichkeit

Zuverlässigkeit strahlt eine hohe Professionalität aus. Damit sind nicht nur konsequent gute Leistungen gemeint. Vielmehr liefern Sie eine Bestätigung für das Ihnen entgegengebrachte Vertrauen. Denn Sie versprechen nie mehr, als Sie auch wirklich halten können. Andersherum würden Sie eine Täuschung erzeugen, mit der Sie ganz schnell Ihr Professionalität, Zuverlässigkeit und Verbindlichkeit Infrage stellen.

9. Verwenden Sie die richtigen Umgangsformen

Es gibt bestimmte Benimmregeln, an die Sie sich halten sollten. Im Business-Knigge finden Sie beispielsweise alle Konventionen beschrieben, die für einen kultivierten Umgang im Beruf wichtig sind.

Diese Umgangsformen beruhen auf einem seit Jahrhunderten bestehenden Gerüst und sollten für jeden als Selbstverständlichkeit gelten. Leider ist das aber nicht so.

Nutzen Sie Ihre guten Manieren und Umgangsformen, um sich ins rechte Licht zu rücken und sich positiv darzustellen.

10. Bleiben Sie, wie Sie sind

Mit Authentizität ist die Echtheit im Sinne von Original gemeint und bedeutet nichts anderes, als dass Sie sich nicht verstellen sollten, nur um eine bessere Ausstrahlung zu erhalten. Die Rolle, die Sie dabei spielen, wird Ihr Umfeld garantiert irgendwann erkennen und schnell feststellen, dass Ihr Verhalten nur ein Trugbild ist.

11. Nutzen Sie die Visualisierung für eine positive Zukunft

Mit einer positiven Ausstrahlung sind Sie in der Lage Berge zu versetzen, wenn das Gesamtpaket stimmig ist. Denn Ihre Wünsche, Visionen, Meinungen, Träume und Gefühle drücken Sie in Ihrer Ausstrahlung aus.

Zitat: *„Unsere Wünsche sind Vorgefühle der Fähigkeiten, die in uns liegen, Vorboten dessen, was wir zu leisten imstande sind."* Johann Wolfgang von Goethe

Lassen Sie bunte Bilder in Ihrem Kopf entstehen, die Ihre Wünsche, Träume und Visionen zum Ausdruck bringen und speichern Sie diese ab, um sie immer wieder abzurufen. Vergleichbar sind diese entstehenden Bilder mit einem Samenkorn, dass Sie in die Erde legen, täglich gießen, um es langsam wachsen und gedeihen zu sehen. In Ihrer Gedankenwelt erzeugen Sie damit eine schöne Vorahnung, die sich positiv auf Ihre Ausstrahlung auswirkt.

Es mag vielleicht nicht von Anfang an gelingen. Das sollte aber kein Hinderungsgrund sein. Selbst kleine Dinge im Alltag bieten Ihnen einen großen Überraschungseffekt. Die positiven Signale und Überraschungseffekte machen Sie glücklich, denn der Körper schüttet Glückshormone aus. Von Ihrer Umwelt wird Ihre Ausstrahlung deutlich positiver wahrgenommen.

12. Dem Stress entziehen und sich auf das wesentliche konzentrieren

Der permanente Druck, Stress und Ihre Gedanken, nicht genug zu sein sorgt dafür, dass Sie immer unter Spannung stehen und kaum Zeit zum Atmen finden.

Greifen Sie zur Reißleine und stoppen Sie diese permanente Belastung, die sich um Ihre Selbsterfüllung und innere Zufriedenheit gelegt hat.

Um an sich selbst und der eigenen Ausstrahlung zu arbeiten, brauchen Sie Energie, die Sie nur erhalten, wenn Sie einen Gang runterschalten und sich Auszeiten gönnen. Selbst Maschinen brauchen Pflege und Wartung, damit die Funktion nicht eingeschränkt wird.

Schaffen Sie sich Freiräume für sich selbst. Regelmäßige Auszeiten sorgen dafür, dass Sie Ihre Batterien wieder aufladen können und sind daher genauso wichtig wie alle anderen Termine, die in Ihrem Terminkalender stehen.

Wenn Sie sich rundum wohlfühlen, wirken Sie entspannter und haben direkt eine verbesserte Ausstrahlung.

Sympathie, Liebe, Lust – Ausstrahlung beeinflusst Anziehungskraft

Ausstrahlung hat einen großen Einfluss auf die Anziehungskraft und ist verantwortlich dafür, wie sich Sympathie, Liebe und Lust entwickeln. Ein erster, grundlegender Anstoß für zwischenmenschliche Beziehungen ist die Sympathie, die durch Ihre Ausstrahlung, das Charisma entsteht. Das Alter und das Geschlecht spielen dabei zuerst keine wichtige Rolle.

Das positive Gefühl erzeugt Vertrauen. Es gibt aber auch solche Menschen, die Sie einfach nur mögen.

Ihnen würden Sie aber niemals einen Geldkoffer anvertrauen. Grund dafür ist die überzeugende Ausstrahlung, die Sie im ersten Moment beeindruckt.

Doch bei genauerer Betrachtung finden Sie Dinge, die Ihnen nicht gefallen, weil Sie nicht Ihrer Einstellung entsprechen. Diese Situationen warten nicht nur im Berufsleben auf Sie. Begegnen werden Sie diesen auch im privaten Bereich und speziell, wenn Sie nach einem neuen Lebenspartner Ausschau halten.

Die anfänglich so toll empfundene Ausstrahlung gerät mitunter ins Wanken, weil Sie während dem anfänglichen beschnuppern hinter die Fassade schauen.

Sie lernen diese ausgewählte Person besser kennen, weil Sie Vorlieben, Lebensideale und Abneigungen hinterfragen. Die Darstellung der eigenen Person, die gesagten Worte, die Körpersprache und Verhaltensweisen lassen sehr tief blicken und führen dazu, dass die Bewunderung in Ernüchterung umschlägt. Schnell wird Ihnen klar, dass Sie sich in diesem Menschen getäuscht haben.

Sie erkennen durch den Blick unter die Oberfläche, ob dieser Mensch ein Psychopath, ein einzigartiger Sonderling oder Mr/Ms. Right ist.

Aus der zuerst wahrgenommenen Ausstrahlung kann sich eine Liebesbeziehung entwickeln. Denn von der positiven Empfindung zu Beginn ist es nur ein kleiner Schritt, bis Liebe und Lust entsteht.

Die Ausstrahlung ist ein Spiegelbild der inneren Einstellung, die auf andere Menschen eine große Anziehungskraft ausübt.

So gibt es Menschen, die einen Raum betreten und direkt alle Aufmerksamkeit auf sich ziehen.

Verantwortlich dafür ist nicht Ihre Schönheit, sondern die Aura, die sie umgibt. Diese Menschen strahlen etwas Einladendes, Interessantes aus.

Sie versprühen einen ganz besonderen Charme, der jeden in den Bann zieht.

Dieser Bann entsteht durch ihre Ausstrahlung, die andere faszinierend und anziehend finden.

Ausstrahlung mit mehr Selbstvertrauen stärken

Sie selbst sind Ihr größter Kritiker. Damit beeinflussen Sie nicht nur das Selbstbild, sondern nehmen großen Einfluss auf Ihre Ausstrahlung. Fehlendes Selbstvertrauen beeinträchtigt Ihr Selbstwertgefühl. Sie fühlen sich unsicher und klein, weil Ihnen Selbstvertrauen fehlt.

Zitat: *„Alles, was man im Leben braucht, ist Ignoranz und Selbstvertrauen."* Mark Twain

Menschen mit einem ausgeprägten Selbstvertrauen haben das Leben fest im Griff und machen sich keine Gedanken darüber, was richtig und falsch ist. Sie formen ihre Wünsche, ohne sich von der Umwelt beeinflussen zu lassen. Es wird sich zwar angehört, was andere Denken und Sagen.

Die Meinungen werden dafür verwendet, um den eigenen Weg zu finden.

Diese Art und Weise entspringt einem gesunden Selbstvertrauen, welches das Selbstwertgefühl und das Selbstbewusstsein stärkt und damit zu einer besseren Ausstrahlung führt.

Das kleine Glück für eine positive Ausstrahlung Reichtum, eine große Villa, schicke Autos, teurer Schmuck, Schönheit und mehrmals im Jahr in ferne Länder reisen wird immer wieder mit großem Glück und glücklich sein assoziiert. Das Glück und glücklich sein auf die Ausstrahlung wirkt, ist kein großes Geheimnis. Es sind aber nicht die großen, augenscheinlichen Dinge, die für Glücksgefühle verantwortlich sind, sondern die winzigen, kleinen Dinge, die sich durch das Streben nach dem großen Glück Ihrer Aufmerksamkeit entziehen.

Genau auf diese Gegebenheiten sollten Sie Ihr Augenmerk legen.

Schauen Sie ruhig genau hin und schärfen Sie mit Achtsamkeit den Blick für das kleine Glück. Solche Kleinigkeit begegnet Ihnen in unterschiedlicher Gestalt. Bei einem Spaziergang am Wasser finden Sie einen Stein, der wie ein Herz aussieht.

Sie öffnen den Briefkasten und finden darin eine Postkarte von Ihrer besten Freundin, die gerade auf Weltreise ist. Plötzlich ist da ein Feiertag, an den Sie gar nicht mehr gedacht haben. Sie haben eine Benachrichtigung erhalten, dass Sie von Ihrem Stromanbieter Geld zurückbekommen. Schier unendlich lässt sich die Liste der kleinen Glücksmomente fortführen.

Und genau diese sind es, wenn von kleinen Glücksmomenten die Rede ist.

Mit einer persönlichen Glücksliste rufen Sie sich genau die scheinbaren Kleinigkeiten ins Gedächtnis und erleben die große Wirkung, gerade wenn Sie wieder einmal von Selbstzweifeln gequält werden.

Sie bieten Ihnen Zuversicht und helfen Ihnen dabei, auf dem richtigen Weg zu bleiben, um Ihre Ausstrahlung mit mehr Selbstbewusstsein zu verbessern.

Praxistricks für mehr Selbstvertrauen

Um mehr Selbstvertrauen zu erlangen, gibt es einige Tricks und Übungen. Im ersten Schritt müssen Sie aber mit Ihren Selbstzweifeln aufhören. Damit ist der Grundstein für mehr Charisma gelegt. Denn starkes Selbstvertrauen und Selbstbewusstsein verbessert die Ausstrahlung.

1. Die eigene Annahme

Indem Sie sich so annehmen, wie Sie sind, mit allen Stärken, Fehlern und Schwächen erlangen Sie mehr Selbstvertrauen. Auch wenn das einfach gesagt ist, steckt eine große Weisheit dahinter. Sie selbst sind Ihr größte Kritiker, der Dinge Infrage stellt und der eigenen Denkweise wenig Spielraum einräumt. Versuchen Sie Dinge und Umstände so hinzunehmen, wie sie sind, wenn Sie diese nicht ändern können oder wollen.

Ihre Wohnung ist halt nicht immer ordentlich und aufgeräumt, Ihre Nase ist vielleicht viel zu groß, Ihre Figur und Größe entspricht vielleicht nicht Ihren Vorstellungen. Ja und? Halten Sie sich immer vor Augen, dass gerade diese unperfekten Dinge einen besonderen Charme versprühen. Versuchen Sie diese Ecken, Kanten, die vermeintlichen Fehler und Schwächen positiv zu sehen. Das sind „Sie" und „Sie" sind ein toller Mensch. Akzeptieren Sie sich selbst, um die verfügbaren Ressourcen sinnvoll zu nutzen, als diese durch unnötigen Stress zu verschwenden.

2. Schauen Sie genau hin

Menschen haben Bedürfnisse, Wünsche und Träume, die oft für andere Dinge zurückgesteckt werden, weil anderen Personen eine zu hohe Wichtigkeit zugeordnet wird.

Dabei verliert man sich selbst aus dem Blickfeld. Öffnen Sie die Augen und nutzen Sie Ihren Verstand, um sich endlich ernst zu nehmen und Ihre Bedürfnisse, Wünsche, Träume und Visionen zu formulieren, auszusprechen und zu verfolgen.

Stärken Sie Ihr Bewusstsein für sich selbst, gewinnen Sie Selbstvertrauen und verbessern Sie Ihre Ausstrahlung. Charismatische Menschen haben die Wichtigkeit Ihrer Person erkannt. Sie haben eine einzigartige Selbstwahrnehmung und formulieren ihre Wünsche. Versuchen Sie das auch einmal.

Gönnen Sie sich Etwas, das lange schon Ihr großer Seelenwunsch ist. Treten Sie beispielsweise endlich die lang ersehnte Reise an. Gehen Sie zum Sport und verwöhnen Sie Ihren Körper. Oder gibt es ein Paar Schuhe oder eine schicke Armbanduhr, die Sie schon immer haben wollten. Die innere Stimme sagt Ihnen, was Ihnen guttut.

Damit Selbstvertrauen entsteht, muss sich Ihr Geist in Ihrem Körper wohlfühlen und entfalten.

3. Angst und Unzufriedenheit überwinden

Jeder kennt Unzufriedenheit und die damit verbundene Nörgelei, weil es augenscheinlich anderen besser geht. Doch bei genauerer Betrachtung läuft es bei diesen Menschen nicht anderes. Sie haben auch Sorgen, Probleme und sind unzufrieden mit Situationen. Nur gehen diese Personen ganz anders damit um. Sie haben sich klar gemacht, dass es nur dieses eine Leben gibt und es viel zu schnell vorbei sein kann, um sich ständig mit negativen Gefühlen zu belasten.

Sie stellen sich mutig allen Eventualitäten, die das Leben bietet und schauen, worauf Einfluss genommen werden kann. Die Ärmel werden hochgekrempelt, um Dinge zu verändern.

Seien Sie sich im Klaren darüber, dass Sie keinem anderen etwas beweisen oder recht machen müssen, außer sich selbst! Verinnerlichen Sie diese Erkenntnis. Damit stärken Sie Ihr Selbstwertgefühl, Ihr Selbstvertrauen und Selbstbewusstsein, wodurch sich letztendlich auch Ihre Ausstrahlung verbessert.

4. Menschen in der eigenen Umgebung Interesse entgegenbringen

Schubladendenken beeinflusst die Wahrnehmung, da Sie Menschen nach bestimmten Kriterien wie dem Erscheinungsbild, dem Auftreten, ihrer Einstellung und der Kleidung beurteilen. Ihr innerer Kritiker verleitet Sie durch dieses Rasterdenken oftmals zu Fehleinschätzungen.

Wenn Sie spüren, dass Sie eine bestimmte Person wieder in die eine oder andere Schublade stecken wollen, halten Sie kurz inne und betrachten Sie diese Person einmal aus einem anderen Blickwinkel. Jede Medaille hat nämlich zwei Seiten und genau die andere Seite darf nicht vergessen werden.

Ein kleines Beispiel: Sie sind zu einer Veranstaltung eingeladen und schauen sich die anderen Teilnehmer an.

Dabei fällt Ihnen eine Frau auf, die ihre üppigen Formen in einem leuchtend roten Kleid verpackt hat und dazu schwindelerregend hohe Schuhe trägt. Ihr erster Gedanke wird es sein, dieses Outfit als sehr gewagt einzustufen.

Betrachten Sie diesen ersten Gedanken einmal von der anderen Seite. Was steckt dahinter? Vielleicht fehlt Ihnen selbst der Mut, sich extravagant zu kleiden.

Möglicherweise empfinden Sie sogar eine gewisse Art von Neid, weil Sie dieses Selbstvertrauen nicht haben.

An diesem Punkt angelangt, sollten Sie positiv denken und diese Frau innerlich für ihren Mut loben. Indem Sie die negativen, abwertenden Gedanken mit positiven Eigenschaften belegen, erzeugen Sie eine offenere Einstellung, die sich positiv auf Ihre Ausstrahlung auswirkt.

5. Lieben können – ein wichtiger Faktor für eine positive Ausstrahlung

Liebe ist ein oft verwendetes Wort und beschreibt das starke Gefühl, wenn Sie sich zu etwas oder einer Person hingezogen fühlen.

Dabei spielt Zuneigung eine tragende Rolle. Sind Sie in der Lage wirklich und wahrhaftig zu lieben?

In Ihrem Leben gibt es den Partner, Eltern, Kinder, das Haustier, nette Arbeitskollegen und beste Freunde. Sie sind wertvoll und verdienen Ihre bedingungslose und innige Liebe.

Anderen Menschen Zuneigung entgegenzubringen und ihnen ehrlich gemeinte, nette Worte zu schenken ist ein Zeichen von Annahme, Wertschätzung und Respekt. Sie zeigen anderen, dass sie trotz ihrer Fehler und Schwächen wertvoll sind.

Diese Liebe und das großzügige Verhalten wird Sie belohnen, weil Sie genau das Gleiche zurückbekommen. Ihre Freundlichkeit und Liebenswürdigkeit hat eine große Wirkung und führt zu einer positiveren Sichtweise auf Ihre Person. Es entsteht eine hohe Attraktivität, weil Sie bei anderen Menschen gut ankommen. Das positive Gefühl wirkt sich positive auf Ihre Ausstrahlung aus.

6. Gute Gefühle körperlich spüren

Negative Gefühle beeinflussen auch das körperliche Wohlbefinden. Sie fühlen sich schlecht und spüren die seelische Belastung, als ob Sie auf Ihren Schultern eine schwere Last zu tragen haben. Die seelische Last drückt sich mitunter in körperlichen Schmerzen aus. Genauso wie Sie mit Ihrem Körper negative Gefühle spüren, lassen sich auch positive Gefühle empfinden.

Daher sollten Sie glückliche Momente und Gegebenheiten, worüber Sie sich besonders freuen nicht als selbstverständlich sehen, sondern diese Empfindungen ganz bewusst aufnehmen, spüren, genießen und festhalten. Vielleicht ist es eine Begegnung, eine romantische Situation, schöne Musik oder ein besonderer Duft, der Ihnen positive Empfindungen schenkt. Bewahren Sie diese gut in Ihrem Gedächtnis auf. Die positiven Empfindungen sind die perfekte Tankstelle, um innere Freude und positive Empfindungen hervorzurufen und glücklich zu sein.

Auch wenn diese Fröhlichkeit und das Glück für das Auge nicht sichtbar sind, werden andere Menschen in Ihrem Umfeld das Positive durch Ihre Ausstrahlung spüren.

In schlechten Lebensphasen sollten Sie sich immer an diese schönen Momente erinnern. Sie dienen als Rettungsanker, spenden Trost und dienen dazu, Sie aufzufangen. Im Bezug auf Selbstbewusstsein, Selbstwert und Selbstvertrauen sind positive Gefühle die Quelle, die Ihre Ausstrahlung mit Positivität speist.

7. Das Körpergefühl ist das Spiegelbild der inneren Einstellung

Mit Ihrer Körperhaltung zeigen Sie anderen Menschen, wie sehr Sie sich selbst wertschätzen. Wer unzufrieden mit sich selbst und seinem Körper ist, strahlt dieses auch nach außen hin aus. Solche Menschen bevorzugen eine schlichte, unscheinbare Fassade, um nur nicht aufzufallen. Sie vermitteln den Eindruck der Uniformiertheit und nehmen eine Körperhaltung an, die aus der Masse nicht hervorsticht.

Unbewusst tragen diese Menschen ihre innere Einstellung nach außen und zeigen damit, wie es um ihr Körpergefühl bestellt ist.

Gehören Sie auch zu diesen Menschen? Dann ist jetzt der Zeitpunkt gekommen, wo Sie etwas ändern sollten, um Ihre Ausstrahlung zu verbessern. Neben der allgemeinen Körperhaltung verraten Gesten viel über Ihre innere Einstellung, die einem Gesprächspartner nicht verborgen bleiben. So signalisieren Sie beispielsweise mit vor der Brust verschränkten Armen, dass Sie nicht bereit sind, sich anderen Menschen gegenüber zu öffnen.

Beobachten Sie sich selbst in den unterschiedlichsten Situationen. Sie werden schnell feststellen, wo Handlungsbedarf besteht, um Ihre Ausstrahlung zu verbessern. Schon kleine Veränderungen bei der Körperhaltung und Körpersprache zeigen Offenheit und Selbstvertrauen.

8. Seien Sie ein Original und keine Fälschung

Indem Sie sich anders darstellen als es Ihrer eigenen Überzeugung entspricht, verkaufen Sie anderen Menschen kein echtes Bild, sondern nur eine billige Fälschung, die nicht mehr authentisch ist. Eine starke, positive Ausstrahlung beruht aber auf Echtheit. Sie müssen es nicht allen rechtmachen, indem Sie sich verstellen und ein ganz falsches Bild von sich erzeugen.

Vertreten Sie ruhig Ihre eigene Meinung, Träume, Visionen und Wünsche und machen Sie sich keine Gedanken darüber, dass Sie damit bei anderen anecken könnten. Seien Sie „echt"! NEIN, diese vier einfachen Buchstaben drücken ein klares Statement aus. Das kleine Wort gehört ab jetzt zu Ihrem Wortschatz. Sprechen Sie es ruhig aus und bleiben Sie sachlich bei den darauffolgenden Diskussionen.

Sie haben ein Recht auf Ihre eigene Meinung, Ansicht und auf Ihre Ideale, die Sie respektvoll anderen gegenüber vertreten. Ihre Meinung, Ehrlichkeit, Überzeugungskraft und Echtheit zeigt Sie als Original, dem Respekt entgegengebracht wird.

9. Sprache dient als Vermittler von Gefühlen

Zurückhaltende, in sich gekehrte Menschen haben mitunter ein großes Problem, Gefühle zu formulieren und auszusprechen, die im Kopf schon greifbare Formen angenommen haben.

Einmal ist es die Angst davor, missverstanden zu werden. Auf der anderen Seite sind sie sprachlich vielleicht nicht so gewandt, um die eigenen Gedanken mit Nachdruck zu vermitteln.

Zurückhaltende Menschen sprechen oftmals sehr leise, sodass sie gar nicht erst gehört werden.
Stimmvolumen, Stimmlage, Betonungen und die Wahl der Worte schaffen es, Gefühle lebhaft auszudrücken, sodass der Zuhörer diese versteht und nachempfinden kann. Geben Sie Ihrer Stimme mehr Volumen. Damit überzeugen Sie Ihre Zuhörerschaft, da Sie Selbstbewusstsein ausstrahlen. In Kombination mit Ihrer Körpersprache geben Sie Ihren Worten das nötige Gewicht. Reden Sie nicht um den heißen Brei, sondern sprechen Sie Dinge direkt an. Die Wirkung der klaren Worte macht Sie sympathisch und verbessert Ihre Ausstrahlung.

10. Immer wieder an sich selbst arbeiten

Eine besseres Ausstrahlung und Wahrnehmung von anderen erfordert eine Menge Arbeit, die auch nicht aufhören wird. Halten Sie das immer im Hinterkopf. Doch das Ergebnis stellt sich sehr lohnenswert dar. Natürlich werden Sie auch Rückschläge erleben.

Sehen Sie diese als Anstoß und Motivationsschub, um weiter an Ihrer Persönlichkeit zu arbeiten.

Nutzen Sie neue Dinge, um neue Erfahrungen zu machen und gehen Sie schrittweise voran.

Rom ist auch nicht an einem Tag erbaut worden. Fügen Sie die Puzzlesteine für eine bessere Ausstrahlung nach und nach zusammen, indem Sie an Ihrem Selbstvertrauen, Selbstbewusstsein und Selbstwert arbeiten.

Vielen anderen Menschen geht es genauso wie Ihnen. Also nutzen Sie die Chance und verbessern Sie Ihre Ausstrahlung. Der große Auftritt ist Ihnen damit sicher.

Das Leben entrümpeln und sich von Überflüssigem trennen

Für ein glückliches Leben ist Quantität nicht wichtig. Vielmehr zählt die Qualität der Dinge, mit denen Sie alles auf das Wesentliche reduzieren. In einem Leben häuft sich vielerlei Unrat an, den Sie gar nicht brauchen. Das sind nicht nur Gegenstände, sondern auch Menschen, die sich als vermeintliche Freunde oder Anhänger Ihrer Person ausgeben, aber letztendlich nur durch Sie profitieren wollen. Das mag sich im ersten Moment sehr böse anhören. Doch haben Sie einmal geschaut, wie viele Energiediebe in Ihrem Umfeld sind.

Genau diese Menschen sind verantwortlich dafür, dass Sie sich schlecht fühlen. Denn überall begegnen Sie Situationen, wo Sie hin- und hergerissen sind. Der richtige Weg um zu sich selbst zu finden, ist der Minimalismus.

Dabei konzentrieren Sie sich auf die wesentlichen Dinge und schaffen endlich Ordnung. Das Resultat davon ist mehr Zufriedenheit und Glück.

Zitat: *„Wenn du etwas loslässt, bist du etwas glücklicher. Wenn du viel loslässt, bist du viel glücklicher. Wenn du ganz loslässt, bist du frei."* Ajahn Chah, buddhistischer Mönch

Doch was hat sich von Dingen und Menschen trennen mit Ausstrahlung zu tun? Dafür gibt es eine einfache Erklärung.

Indem Sie äußerlich Ordnung schaffen, bekommen Sie auch mehr innere Ruhe und können sich besser auf das Wesentliche, nämlich sich selbst konzentrieren. Um die Ausstrahlung zu verbessern, brauchen Sie keine unwichtigen Dinge, die Sie belasten und Ihnen Zeit stehlen. Das vermeintlich kreative Chaos schränkt nur ein und belastet.

Das fängt schon in Ihrem Zuhause an, dass Sie mit Nippes und unnötigen Dingen vollgestopft haben. Die wenigen Freiräume, die Ihnen Ihr Zuhause bietet, bringt Unruhe und stört die Konzentration, die Sie benötigen, um an sich selbst zu arbeiten. Da hilft nur eines: Ordnung schaffen! Um Ordnung in Ihr Leben zu bringen, können Sie direkt in Ihren vier Wänden damit beginnen.

Schauen Sie sich einmal um und schärfen Sie Ihren Blick für das Wesentliche. Sie werden erstaunt sein, wie viel unnützer Kram Sie umgibt. Um mit dem Entrümpeln zu beginnen, sollten Sie nach Dingen schauen, die absolut entbehrlich sind. Benötigen Sie wirklich ein 24-teiliges Essservice oder die Kleidungsstücke, die im Keller in Kartons darauf warten, dass sie vielleicht noch einmal getragen werden? Wenn sich jetzt die Denkweise einstellt, dass Sie diese Dinge bestimmt noch brauchen, haben Sie sich selbst belogen.

Stattdessen sollten Sie sich fragen, wann Sie beispielsweise den Wollmantel von vor 5 Jahren noch mal angezogen oder das 24-teilige Service genutzt haben.

Stellen Sie sich einfach die Frage, ob Sie dieser Gegenstand glücklich macht. Betrachten Sie ab jetzt die Dinge in Ihrer Umgebung unter diesem Aspekt! Genauso wie mit Gegenständen, können Sie auch mit Lebensumständen und Situationen, selbst mit Personen, die Ihnen nicht guttun verfahren. Stärken Sie dahingehend Ihr Bewusstsein. Der Effekt, der sich daraus ergibt, ist an Genialität kaum zu übertreffen. Sie werden schnell merken wie gut es sich anfühlt, nicht mehr zerrissen zu sein. Es stellt sich ein klarer Blick auf sich selbst ein und Sie erleben, wie sich Ihr Selbstbewusstsein verbessert. Durch das Aussortieren haben Sie Fesseln abgelegt, die Sie an Ihrer Selbstentfaltung hindern.

Sie sind nicht mehr der Mensch, der sein Licht unter den Scheffel stellt und so ist, wie andere Sie haben wollen. Durch das Entrümpeln haben Sie Platz geschaffen, den Sie mit sich selbst, Ihren Gedanken, Träumen, Visionen und Wünschen füllen können.

Diese Freiräume sorgen auch dafür, dass Sie an Ausstrahlung gewinnen, weil Sie aus dem Schatten ins Licht treten. Ihr Blick ist offen und auf das gerichtet, was Sie sich von Ihrem Leben wünschen.

Sie machen Dinge, die Ihnen Spaß machen, trennen sich von Menschen, die Sie in Ihrer Entfaltung behindern, verabreden Sie sich nur mit Menschen, die Ihr Leben bereichern und schaffen damit ein Umfeld, in dem Sie selbstbestimmt leben.

Ausstrahlung verbessern und andere Menschen in den Bann ziehen

Wie Sie sehen, hat Ausstrahlung in vielen Bereichen ihre Wurzeln, wenn sie authentisch und ehrlich sein soll. Es reicht nicht aus, an der äußerlichen Wirkung zu arbeiten.

Eine schillernde, aussagekräftige Fassade ist schnell aufgebaut, gerät aber genauso schnell ins Wanken, wenn an der Oberfläche gekratzt wird und andere Dinge zum Vorschein kommen.

Ausstrahlung oder Charisma entsteht durch Fähigkeiten, die sich erlernen und ausbauen lassen. Dazu gehört Selbstvertrauen, Selbstliebe, Selbstwertgefühl, Selbstachtung, eigentlich fast alles, was mit „Selbst" beginnt. Daher ist wahre, echte Ausstrahlung nicht von jetzt auf gleich vorhanden.

Sie ist das Resultat einer stetigen Entwicklung, in der Sie über sich hinauswachsen, neue Erkenntnisse erlangen und damit beginnen, sich selbst ernst zu nehmen.

Dabei sollten Sie niemals den Blick für das Wesentliche verlieren. Der Hauptakteur sind Sie selbst und kein anderer. Niemand anders kann besser in Sie hineinschauen und Ihre Gefühle verstehen. Mit diesem Verständnis können Sie Ausstrahlung, Anziehungskraft, Selbstwertgefühl, Selbstachtung und Selbstvertrauen stärken, weil Sie genau wissen, an welchen Stellen der Hebel anzusetzen ist.

Machen Sie sich bewusst, dass Sie bereits alle wichtigen Eigenschaften besitzen. Sie waren bisher nur den Einflüssen Ihres Umfeldes ausgesetzt und haben sich daher unterschiedlich entwickelt. Daraus ergeben sich Defizite, die Ihrer Ausstrahlung die Strahlkraft raubt.

Indem Sie Ihre Wünsche sowie Träume verwirklichen, starten Sie in ein selbstbestimmtes Leben. Sie beginnen nach Ihren eigenen Regeln zu leben und umschiffen galant Einschränkungen, die nicht zu Ihrer neuen Lebensphilosophie passen.

Nutzen Sie Ihre Fehler und Schwächen zu Ihrem Vorteil und stehen Sie dazu. Damit erzeugen Sie ein positives Bild und wirken gleich sympathischer. Wer seine Fehler und Schwächen annimmt und akzeptiert, baut Selbstwertgefühl auf, das nicht nur von Äußerlichkeiten abhängig ist.

Ausstrahlung beschreibt vielmehr eine Charaktereigenschaft als die äußere Hülle. Diese ist jederzeit austauschbar, ganz im Gegensatz zu dem, was Sie durch Ihre Körpersprache, Mimik und Gestik ausdrücken. Suchen Sie sich eine Person mit einer charismatischen Ausstrahlung, an der Sie sich orientieren.

Damit haben Sie ein gutes Vorbild, um an Ihrem Selbstbild zu arbeiten und dieses zu stärken. Das daraus resultierende Selbstbild steigert das Selbstwertgefühl und verbessert die Ausstrahlung.

Das Ego und die Ausstrahlung

Zum guten Schluss sollten Sie noch einmal Persönlichkeiten wie Barack Obama, Martin Luther King, Steve Jobs und weitere betrachten. Bei genauem hinsehen wird Ihnen auffallen, dass diese Menschen ein ausgeprägtes Ego haben. Sie alle haben ein Konzept, dass sie selbst für sich gemacht haben.

In diesem Konzept sind Verhaltens- und Denkweisen aufgezeichnet, die großen Einfluss auf Verhalten, Gefühle, Selbstwert und den Status ausüben. Das Konzept beruht auf dem Selbstbild, das diese charismatischen Persönlichkeiten von sich haben. Sie stellen dar, was sie wirklich sind.

Dieses können Sie auch erlangen, indem Sie an Ihrer Persönlichkeit arbeiten und Ihre Ausstrahlung verbessern.

Steigern Sie Ihren Selbstwert, beginnen Sie sich selbst zu vertrauen und stärken Sie Ihr Selbstbewusstsein, um aus dem Schatten ins Licht zu treten.

Mit guten Empfindungen wächst das Selbstvertrauen, das die Ausstrahlung verbessert. Es gibt keinen Grund, länger zu warten!

Leoni Herzig

Wenn Sie mehr über Persönlichkeitsentwicklung lernen möchten, dann besuchen Sie doch gerne mal meine Autorenseite auf Amazon.

(Einfach Leoni Herzig in die Amazon Suchmaske eingeben)

Haftungsausschluss und Impressum

Der Inhalt dieses Buches wurde mit sehr großer Sorgfalt erstellt und geprüft.
Für die Richtigkeit, Vollständigkeit und Aktualität des geschriebenen kann jedoch keine Garantie gewährleistet werden.

Sowie auch nicht für Erfolg oder Misserfolg bei der Anwendung des gelesenen.
Der Inhalt des Buches spiegelt die persönliche Meinung und Erfahrung des Autors wider.
Der Inhalt sollte so ausgelegt werden, dass er dem Unterhaltungszweck dient.
Er sollte nicht mit medizinischer Hilfe verwechselt werden.

Juristische Verantwortung oder Haftung für kontraproduktive Ausführung oder falsches Interpretieren von Text und Inhalt wird nicht übernommen.

Impressum

Autor: Leoni Herzig
vertreten durch:
Markus Kober
Kreuzerwasenstraße 1
71088 Holzgerlingen
markus.kkober@gmail.com

Quellenangabe:

https://www.brigitte.de/liebe/persoenlichkeit/persoenlichkeit--starke-ausstrahlung--die-drei-geheimnisse-10163976.html

https://karrierebibel.de/ausstrahlung-verbessern/

https://karrierebibel.de/praesenz/

http://www.emotion.de/de/persoenlichkeit/ausstrahlung-verbessern-5573

http://www.selbstbewusstsein-staerken.net/selbstvertrauen-staerken/

https://de.wikipedia.org/wiki/Charisma

https://www.palverlag.de/Selbstwertgefuehl.html

https://www.welt.de/gesundheit/psychologie/article13505786/Das-Geheimnis-der-grossen-Charismatiker.html

https://www.emotion.de/de/persoenlichkeit/positive-ausstrahlung-verbessern-6722

https://www.selbstbewusstsein-staerken.net/das-ego/

36363049R00066

Printed in Poland
by Amazon Fulfillment
Poland Sp. z o.o., Wrocław